不生氣之後，變身有錢人

キミは、「怒る」以外の方法を
知らないだけなんだ

森瀨繁智（モゲ）—著　林于楟—譯

前言

易怒之人是超級幸運星！

大家好，我是從事諮商顧問的森瀨繁智，我有許多女性客戶，其中有相當易怒的人。

「我男友完全不遵守約定！」

「公司晚輩都會渾水摸魚，看得超生氣！」

「我老公老是把房間弄亂!!」
「每天都煩躁得要命，完全無法專注工作。」
「啊——真的有夠火大——!!」

等等。這些人會對工作、人際關係、戀愛、育兒、經濟話題等各類事情感到憤怒。

其實容易感到憤怒的人是充滿活力的人，這些人在戀愛、工作及人際關係等各方面順心如意的可能性極高，常會遇到讓人生好轉的機會。

實際上，有人將被甩的憤怒轉換成動力，讓自己脫胎換骨成為大美人，或是常吵架的夫妻突然變得超

我們好久沒有約會了，我只是希望他可以更重視約定而已啊。
拍拍……
當妳情緒上來時，就花五秒冷靜一下，找出真正的情緒吧汪？
波吉~~

級恩愛，也見過碰到莫大虧損之後，成功做出單月（是月不是年）賺回七、八位數大事業的人，我至今見過無數這類事例。

我自己也在大約十年前，還過著要跟人下跪借錢的超貧窮生活，但因為一些因素開始過起「不發怒生活」後，我的人生開始好轉，人際關係越變越好，讓我現在得以過著沒有經濟煩惱的生活。

所以，**感覺「自己很易怒」的人非常幸運，因為可以直說，你只要改變一點做法，就能得到非常多抓住幸運的機會。**

各位，在此出個問答題。
「因為沒耐性才容易生氣」YES或NO呢？
YES
YES
YES
YES
答案是NO！

但很遺憾，九成的人都沒有這樣做，他們會因為憤怒忘記自我，陷入停止思考的狀態中。

其實除了憤怒外，你還有其他解決方法！

當我和常常感到憤怒的客戶談話時，我會如此詢問：「你認為你是為什麼感到憤怒？」

問完後大抵都會聽到這樣的回答：

「我其實一點也不想生氣，但對方就是會惹我不高興啊！」

此時，我會這樣說。

其實只是朝可以發怒的人生氣而已。
什麼～～!!?
因為他們曾有過「他聽從我的要求了！」的「成功經驗」。
這個是「錯誤的學習經驗」，還請轉換這個想法吧～

「這樣啊，但是啊，其實我們都是想生氣才生氣。**對可以發怒的對象生氣，對不能發怒的對象則是不敢生氣努力忍下來喔。**」

常常對身邊人發怒的人，通常受到某「成功經驗」長期影響。也就是「只要生氣，對方就會順從自己意見行事」的經驗。

「只要我生氣，事情就會一切順利。」

學會這個錯誤經驗後，就會不停重複相同事情。

簡單來說，就是因為不知道發怒以外的解決方法，不得已才以發怒呈現。

實際上，就算把怒氣潑灑在他人身上也無法息

呼啊啊啊
很好！
八小時後
嗚喔喔喔
嗚喔喔喔～這種血汗黑心企業，看我辭了它！
然後去聯誼交男友！

怒，還會讓人際關係惡化。甚至因此趕跑戀愛運和財運，所以有錢人才不會吵架呢（笑）。

只要捨棄「無謂的憤怒」，
就能順心如意！

那麼該怎麼做才好呢？本書就是要介紹「按下不發怒開關」的方法給大家。

「按下不發怒開關」就是用來比喻**「儘管捨棄無謂的憤怒，望向更開心的事情並試著採取行動」**。

「做法超簡單」但**「效果驚人」**，無謂的憤怒接

有人最近常心情煩躁，
動不動就生氣嗎？
我。
我要推薦給大家的
就是「不發怒開關」。
鏘鏘
不發怒

連消失，讓你變成「不怒體質」，遠離討厭的對象，建立舒適的人際關係，這方法幫助我許多客戶人生好轉。本書介紹的方法中，如果有讓你感覺「適合自己」、「感覺可以運用」的方法，請務必盡量嘗試。

●可以養出「不怒體質」

舉例來說，你最近是否曾有「最近好煩躁，連自己也束手無策！」、「快要因為憤怒爆炸了！」等感受呢？

其實這種時候你正處於累積太多疲憊的狀態。你可以去吃點美食、早點上床睡覺等等，試著重新檢視現在的生活形態。只要能比平常更爽快迎接早晨，就

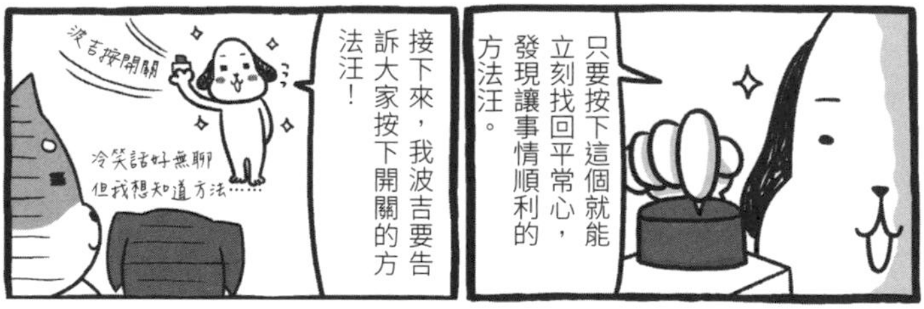
只要按下這個就能立刻找回平常心，發現讓事情順利的方法汪。
接下來，我波吉要告訴大家按下開關的方法汪！
波吉按開關
冷笑話好無聊
但我想知道方法……

能脫離毫無建樹的煩躁感，讓心情神清氣爽。詳細內容還請參閱本書「**第二章**」。

●只要改變個想法，就不會瞬間冒火

雖然這樣說，每天過著高壓生活時，相當難以保持平常心。這種時候可以利用「緊急對策」！

我們在感覺對方「不對」時就會瞬間冒火，首先把「不對」拿掉，接著在腦內重複說幾次「不同」，這樣可以**去除「自己才正確」的想法**，如此一來，你會發現心情變得平靜得叫人驚訝。相關的秘訣將在「**第三章**」中介紹給大家。

●可以淡然閃避討厭的人

或者，你是否曾經有過因為對方言行火冒三丈，而感到「我不想再看到這傢伙了！」、「煩死了！」、「閃邊去啦！」的經驗呢？這種時候也確實有淡然閃避、聰明迴避對方的方法。詳情請參閱「**第四章**」。

●實現願望

也有實現「想要找到交往對象」、「想變得更幸福」、「想要變成有錢人！」等每個人都夢想的願望的方法。運用本書教大家的「把暗黑憤怒轉為能量的方法」後，有許多人都抓住了自己的幸福。豐富的相關內容將在「**第五章**、**第六章**」告訴大家。

只要能脫離因憤怒失去理智的狀態，並將其轉換為正能量，我們每個人都等同吃下無敵星星。

請務必按下「不發怒開關」，讓自己擁有一個開心人生吧！

我也會全力支持大家。

二〇二二年一月吉日

森瀨繁智（モゲ）

目錄

CHAPTER 2

「疲憊」導致怒意！輕輕鬆鬆養出「不怒體質」！

CHAPTER 3

檢討「思考習慣」、「口頭禪」就能戒掉「動不動就生氣」！

CHAPTER 4

是否在不知不覺中受傷了呢？從不體貼的人手中保護自己！

CHAPTER 5

別被「無謂的憤怒」玩弄 脫離危機的「六個習慣」

CHAPTER 6

「好事會發生的人」都這樣做 憤怒可以變身為「感謝」！

CHAPTER

1

「寫給其實一點也不想發怒的你」
每天都這樣煩躁不堪
太浪費生命了！

1 只要一生氣 就會「停止思考」

然後啊，那個新人大錯小錯錯不停耶!!
嗯嗯
我也不是因為想要生氣才生氣的啊——
點頭
欸欸
……
其實不是這樣喔汪。
握
妳是因為想生氣才生氣的。
妳只是不知道生氣以外的方法而已。
波……波吉，是這樣嗎……？教教我!!
教教我!!

有非常多壞處

在我與客戶談話時，幾乎可說絕對會出現的話題就是對職場人際關係、伴侶、家人、朋友等人感受到的不耐煩、悶火中燒的憤怒情緒。

舉例來說，在職場上，明明已經手把手教新進員工的下屬工作了，他還是頻頻犯錯，你會有什麼感受呢？肯定每個人都會滿心不耐煩，會很想說句挖苦人的話吧。

這不僅出現在公司，也常發生在家裡。

舉例來說，假設家裡爸爸或媽媽老是動不動就生氣，當小孩子問：「你為什麼要這麼生氣？」大概有120%的機率會得到「我才不是因為想要生氣才生氣！」的答案吧（笑）。

就父母來看，他們大概想要表達是為了教養小孩，逼不得已才生氣的。

但真的是這樣嗎？

不用說也知道，嘴上說「我才不是因為想要生氣才生氣」的人幾乎１００％都是因為想生氣才生氣。**硬要說的話，他們是因為不知道憤怒以外的解決方法，無可奈何只能生氣。**

但發怒不僅幾乎無法解決問題，還會令人停止思考，離解決問題越來越遠。

CHECK

生氣時，我們會停止思考。

2 真正想表達什麼情緒？

啊～～我和男友吵架了啦～～嗚～～
嗚～～
但我就不能原諒他遲到嘛～～太過分了！
但是，把約會搞砸了好難過喔～～
我們好久沒有約會了，我只是希望他可以更重視約定而已啊。
拍拍……
當妳情緒上來時，就花五秒冷靜一下，找出真正的情緒吧汪？
波吉～～

不隨一時情緒起舞的訣竅

這也與剛剛「我不是想要生氣才生氣」有點關係，生氣時會產生「因為你不遵守約定！」、「錯的是毀約的你啊」等認為錯在對方身上的想法。

過去的我也是如此，容易生氣的人會痛罵惹怒他的人。

責備對方「全都是因為你才害我生氣」，主張「自己沒有錯」。

但就算責備對方、責難對方，也絕對無法讓你平靜心情。

如果對方徹底道歉，你或許也能冷靜一些吧，但這種情況相當罕見。

反而容易陷入惹怒對方，彼此火冒三丈的狀況。

我們原本就是很情緒化的生物。

「憤怒」與「喜悅」、「悲傷」、「開心」相同，是人類天生具備的「感情」之一，擁有憤怒情緒是相當自然的事情。

擁有豐富的感情，也可說是身為人類的證據。

不好的是讓自己隨一時的情緒起舞，迷失真正重要的感情。

其中最危險的就是被「憤怒」耍弄而迷失自己的感情。

憤怒情緒被認為是從寂寞、悲傷、孤獨感等，本來想與他人有所交集卻無法如願的痛苦情緒中誕生。

「是你的錯！」

「太過分了！」

「住手啦！」

當你想像這樣責難對方時，你心中真正的感受是什麼呢？

你真正想表達的心情是什麼呢？

只要一一面對這些情緒，就會讓憤怒情緒自然而然消失。

所以接下來是我的提議。

當你感覺憤怒情緒產生時，請為自己爭取一段冷靜下來的時間。

時間「只要僅僅五秒」就好了。

最好可以有十秒，十秒的成功率幾乎達１００％。

當憤怒升溫時，請想起「或許給自己一段冷靜下來的時間比較好」。

只要不隨情緒起舞，發現自己真正的心情，世界就會看起來變得不一樣。

CHECK

當你感覺憤怒時，
請花五秒冷靜下來。

3 「生個氣就心想事成了」的陷阱！

各位，在此出個問答題。
「因為沒耐性才容易生氣」YES或NO呢？
YES
YES
YES
YES
答案是NO！
其實只是朝可以發怒的人生氣而已。
什麼～～!!?
因為他們曾有過「他聽從我的要求了！」的「成功經驗」。
這個是「錯誤的學習經驗」，還請轉換這個想法吧～

因對象不同而改變態度

世上確實有很沒耐性的人。

但動不動就生氣的人，其實並非沒耐性才生氣。

他們在發怒之前會先確認「對這個人生氣也沒有關係」之後才發怒。

其實不管是怎樣沒耐性的人，如果店員帥如向井理、美如北川景子，應該也不會立刻就發怒吧（笑）。

再說個更極端的例子，如果知道對方是黑手黨幹部絕對不敢生氣，知道對方是重要客戶的公子也絕對不會生氣吧。

小孩子在家裡惹怒母親時，就算母親上一秒還怒氣沖沖大罵「你為什麼要做這種惹媽媽生氣的事情啊！」，只要一接到學校老師的電話就會立刻改變音色，冷靜接電話。

其實人類比自己想要的更加靈活應對怒氣，可以配合對方來調整自己的怒意。

順帶一提，發怒的方法也分為「突然暴怒型」、「不停忍耐後一口氣爆發型」，或者「平常很少生氣，但只要一生氣連自己也無法控制的類型」等等，有各式各樣的類型。

這些人其實只是延續自己過去曾讓事情順心的經驗而已。「突然生氣後對方就接納了自己的意見」等等，重複累積這類成功經驗之後，架構出一套自己的發怒方法或模式。

得要盡快脫離「只要發怒就能讓事情順利」這類「錯誤學習」的狀態才行呢。

CHECK

擺脫「不好的經驗法則」吧。

4

「故意不對抗」的益處超大

累積太多不耐煩可是對身體不好的呢！
我要是感到火大，絕對會當下立刻教訓對方！
是啦，妳這樣說也有道理，但妳不累嗎？
驚嚇
可能會被討厭，或是被回以顏色啊……
故意不對抗，視而不見，
也是好方法喔。
左耳進
右耳出
還有啊，如果妳覺得很煩躁，要不要去卡拉ＯＫ高歌？
如何啊？
我要去!!

大笑或惹人發笑更讓人心情愉悅

有許多人認為「如果不生氣會累積壓力」。長時間不必要地忍耐、壓抑怒氣，或許確實有造成壓力累積的一面。**但是，就因為這種理由而每天反覆爆發小憤怒，真的能幫助你紓解壓力嗎？答案是「NO」，這反而會帶來其他壓力。**

僅限對方道歉，或吵贏對方時，才能藉由生氣消除壓力。但如果對方僅是虛與委蛇應付你的怒氣，只會讓你的怒氣持續累積。就算你當下吵贏對方，這也會造成對方怒氣累積，進一步從中生恨，或許將來有天會反噬回你身上。

《孫子兵法》有句話說「百戰百勝，非善之善者也」。

只要打仗，自己和對方都會受傷，所以最好的方法就是不戰便定出勝負。

我自己感覺怒氣快要爆發時，就會唸著「今天先到這邊吧」或是「你撿回一條命了耶」等等，總之先把「憤怒」轉換成「笑意」討自己開心（笑）。

這是因為我認為「人生中，笑的人、惹人笑的人才是最大贏家。發怒就輸了」。

如果說真有「發怒消除壓力的方法」，那就是別把怒氣宣洩在對方身上，而是單純自己喊出口發洩。

舉例來說，可以獨自去卡拉ＯＫ，大吼大叫「混帳傢伙！」、「開什麼玩笑啊！」也行，如果你有拳擊用的沙包類的東西，也可以拳打腳踢把怒氣發洩在那上面。

如此一來，每次生氣時不僅不會累積壓力，還可以順便鍛鍊身體讓自己越來越健康（笑）。

總之，別把怒氣回報到對方身上，也不是遷怒其他人，但也不可以壓抑在自己心中。

可以用我剛剛提到的方法消除，也可以透過運動或興趣消除。

最好的方法就是把憤怒能量用在自己的成長上面。

如此一來，從結果來說不只可以贏過對方，還能讓自己朝幸福與成功邁進一步，正可謂一舉兩得呢。

CHECK

感到不耐煩時，先討自己開心。

5 把「憤怒情緒」轉換成引擎

讓人生好轉的機會要多少有多少！

接下來要說的跟剛剛提到的也有關聯，因為憤怒累積壓力的人，是抱著「不可以生氣」的想法，所以會把壓力累積在自己心裡。

但話說回來，「憤怒」是種感受，要人「別感覺！」也是沒道理的事情。

就跟吃到難吃的東西時，別人要你「覺得那很好吃」一樣辦不到啊。

如果把「憤怒」比喻為「菜刀」或許相當容易理解。

把刀子朝對方就會變成傷害對方的道具，但拿來用在烹煮美味食物上，就會變成使人變得幸福的道具。

換言之，就是取決於「使用方法」。

同理可套用在怒意上。

不耐煩、火大這類情緒的能量確實驚人，只要搞錯使用方法就可能破壞人際關係。**另一方面，只要巧妙運用，就能成為讓人生步步高升的**

引擎。

實際上有許多巧妙運用憤怒能量，讓人生變得更好的例子。而且話說回來，儲蓄許多憤怒能量的人，大多都是誠摯、熱中學習、不願服輸、正義感強烈且擁有行動力的人。

為了活用這些與生俱來的正向特質，就別自行消耗掉憤怒能量，希望可以把它用來讓人生變得更好。

我有許多客戶，自從把憤怒能量用在正面的事情上之後，陸陸續續實現賺錢賺到手軟、愛情得意、家庭生活美滿等願望。

請別否定憤怒情緒，務必巧妙運用，使其變成讓你的人生越來越美好的能量吧。

CHECK

把「憤怒」轉變為助力！

CHAPTER

2

「疲憊」導致怒意！
輕輕鬆鬆養出「不怒體質」！

1 解決睡眠不足問題吧

好想睡，好痛苦……又沒有男友，好痛苦……！
嘎答
嘎答
噠噠噠噠
噠噠噠噠
嚇
驚
妳這傢伙給我好好睡覺汪！
呀，幹嘛!?
很好！
呼啊啊啊
ZZZ
ZZZ
八小時後
嗚喔喔喔
嗚喔喔喔～這種血汗黑心企業，看我辭了它！
然後去聯誼交男友！

每個人都能養出「不怒體質」！

我二十多歲時相當易怒，每天都很煩躁。

結果讓我的視野狹隘，時常發生不好的事情。總之，很容易疲憊，變得消極，動不動與人吵架，且會因為壓力大亂花錢。

真的，一件好事也沒有。

生氣也無所謂。但是，別有無謂的怒氣更輕鬆。

那麼我是怎麼從這種一無是處的日常生活振作起來的呢？

這是因為，我養出了接下來要向大家介紹的「不怒體質」。

只要養出「不怒體質」，就算感受到怒意也不會立刻發火，或是感到不耐煩。總之會變得不容易生氣。

心情會變得令人驚訝地平穩，找回因為憤怒失去的觀察力與洞悉能力，就能更容易得到幸福及成功。也不會再出現因為壓力大暴飲暴食或是亂花錢等令人遺憾的行為了。

換言之，「不怒體質」可以說是「幸福體質」，也可以說是「成功體質」。

好好睡覺好處多多！

話說回來，**之所以會湧上怒氣，原因在於「睡眠不足」、「運動不足」、「營養不足」、「學習不足」等「四項不足」**（請參閱拙作《要不要按下有錢人開關？》）。

四項不足中問題最大的就是「睡眠不足」，如果長期睡眠不足，不只身體疲憊，連腦袋和心靈也會空轉停止思考，這會讓自己更容易不耐煩，陷入惡性循環。

實際上，我的客戶中也有許多人有這個問題。替這些客戶諮商超輕鬆，因為只要改善睡眠不足的狀況，立刻可以看見好結果。

幾乎所有人都表示「自從好好睡覺後，腦袋從一大早就很清晰，工作效率變得超級好呢」。

聽到第二多的反饋是「改善人際關係」，不再時常不耐煩後，就能溫柔對待身邊的人，人際關係好轉到叫人驚喜。其中也聽到許多人回報伴侶對他們說：「你最近變漂亮了呢。」

「睡眠不足可是美容的大敵」，改善睡眠狀況後當然會變漂亮。

睡眠不足很危險的理由

睡眠不足最恐怖的一點，就是陷入停止思考的狀態，把「不尋常的事」視為「理所當然」。

我自己深有感受的，就是大學剛畢業在第一家公司受到不合理對待時，也會認為「這也是沒有辦法的」、「社會就是這樣」，而無法與之抗衡。

我當時才進公司就立刻搬進公司宿舍住，不只上班時間，連下班後也會被前輩交代工作，因而陷入慢性睡眠不足的狀態。

自古以來就有讓對方睡眠不足陷入停止思考狀態後洗腦，或是強迫對方自白的手法。

由此可知睡眠不足相當危險。最近巡禮能量景點（Power Spot）蔚為風潮，但**我認為世上最棒的能量景點就是寢室**，請千萬別忘了這一點。

CHECK

睡眠充足的人，不只腦袋能好好運轉還會變漂亮！

2 有替事情加上優先順序嗎？

切換成晨型工作吧

和在工作上留下好成績的人聊天後得知，幾乎所有人都集中把重要的工作放在早晨做。這其中也有理由，醒來後兩、三小時是大腦最能發揮高度表現的時間，只要在這個時段專注，會比下午時段有效率好幾倍，光是**早上專注工作，就有辦法處理掉實際上得花上八到十小時的工作**。以下這個例子，就是證明只要在早晨時段專注工作，就能發揮高度表現的事例。《對早上有效的一句話》一書中提到，根據東京商工市調公司調查，公司負責人早上七點前上班的公司，沒有一家公司破產。還真是厲害呢。

我會告訴每位客戶睡眠與有效利用早晨時光的重要性，但肯定會出現找藉口說辦不到的人。而且話說回來，就是因為工作沒效率才會因為工作忙亂，而超量工作肯定會降低表現。

如果因為公司因素得工作到很晚，我就會問上司：「我很重視自己的健康與家人，所以再晚也想要在晚上六點前下班。為此我該怎麼做才好？」和公司一起商討改善對策。**最重要的是「現在你最重視的是什麼？」以及為了最重要的事情加上優先順序**。

首先有最重視的事情，如果這件事需要錢，為了賺錢選進公司上班也行，選擇獨立創業也可以，甚至可以邊工作邊從事副業。

我們比自己想像的還要自由，蘊藏無限可能性。

最大的枷鎖是自己的觀念以及刻板印象。

所以要隨時保持充足睡眠，在腦袋神清氣爽的狀態中思考「現在的自己需要什麼」，替事情加上優先順序後再展開行動。

CHECK

只要切換成晨型工作，就能擁有自己的時間！

3 只要運動就能分泌那個

廣播體操的驚人效果是什麼？

接下來要介紹「造成怒意的四項不足」中的「運動不足」。

適度運動不只對健康有好處，也可以幫忙轉換心情。

除此之外，運動還能促進腦內神經傳達物質的血清素分泌。

血清素又被稱為「幸福荷爾蒙」，可以幫助緩解壓力，消除不耐情緒，提升工作等方面的上進心，讓人更容易感到幸福。

從這層意義上來看，也可說是「不怒荷爾蒙」。

當我碰到心情沮喪的客戶，或是感覺個性很陰沉的客戶時，我絕對都會推薦對方去運動，這是因為運動的效果絕佳。

就算只是在家裡附近散散步，不只可以轉換心情也能順便運動，而我最推薦的就是早晨做廣播體操。偶爾會遇到有人回我：「什麼～廣播體操嗎？」但廣播體操認真做也會流汗，是個很棒的運動喔。

在平常生活中也有非常多運動的機會，像是搭電車時可以提前一個車站下車用走的，或別搭電梯改走樓梯等等。

我曾有一段時間住飯店所以很清楚，東京都內高級飯店的附設健身房，不管哪家都是早晨時段人最多。

大約早上六點半到七點半人最多，所以我都在他們運動完沖完澡，開始優閒看報吃早餐的七點半到八點左右的時間去運動。

或許你會覺得「一大早就去運動也太累了吧！」，但其實相反，**適度運動可以增進血流速度，刺激交感神經，造就可以發揮出最好表現的狀態。**

運動就是「運氣動起來」，早上起床，在開始工作前抽出一段時間運動，就能創造出自己的最佳狀態，還能替自己開運，如此一想會覺得沒比這更好的事情了呢。

CHECK

開始散步或做廣播體操吧。

4 這樣吃飯讓你找回活力

均衡飲食，別以完美為目標

接下來要介紹「造成怒意的四項不足」中的「營養不足」。

拿小小孩來舉例應該很容易理解，他們只要一肚子餓就會立刻生氣、哭泣或心情不好對吧。這是因為營養不足的狀態讓人很不愉快。

為了消除「營養不足」的狀態，首先就需要考慮「質」和「量」。

「質」，要選擇越新鮮越自然的東西越好。

盡量別吃使用大量人工甜味劑及化學防腐劑的食品，最好可以攝取當季或是當地食材。

均衡也很重要，好好攝取蔬菜，蛋白質容易偏向動物性蛋白質，所以也要積極攝取植物性蛋白質。

醣類或碳水化合物不小心就容易攝取過量，所以要多注意，但極端限制也不好。

特別是甜食可以直接提供大腦能量，讓我們有精神，所以可以考慮量與時機好好活用。

隨著年紀增長會讓人想避開油膩食物，但油脂也是人類必需營養素，所以推薦大家可以攝取品質良好的橄欖油、紫蘇籽油或亞麻籽油。

光吃肉不好，但完全不吃肉也有待商榷。

實際上，在我和不太有精神也沒有氣魄，聲音很小的客戶談話時，一問之下他們幾乎所有人都不吃肉。

在我推薦這些人去吃烤肉或是牛排時，得到「我有精神了！」、「我有幹勁了」的回饋，這也是幾乎所有人都會出現效果。

調查長壽銀髮族的飲食生活後，發現大家都很常吃肉。

肉類果然是精力來源啊。

關於「量」，我覺得自古以來的「吃飯八分飽」的理論不錯，但每天的習慣也會影響感覺飽足的量，所以要邊觀察自己的體重，把適量飲食養成習慣。

普遍會認為「一天三餐均衡飲食」，但我認為這可以配合每個人的生活形態調整。

順帶一提，我早上只會稍微喝點咖啡或蔬果汁，中午會好好吃套餐等商業午餐，晚餐就是稍微吃點下酒菜的量而已。

營養不足絕對會以什麼形式反應在身體上，某種意義可說相當容易察覺。配合自己的體型、身體狀況與生活習慣尋找飲食生活最均衡的狀況才是最理想的。

每個人絕對都有好惡，只要用喜歡的食物均衡飲食就好。

如果討厭吃蔬菜，就可以喝果汁或是蔬菜汁，討厭牛肉就吃雞肉或豬肉等等，改變烹煮方法也可以大幅改變味道。邊考慮讓你感到美味的食物的「量」與「質」，均衡且開心地攝取營養吧。

CHECK

別再偏食或過食，
適量攝取品質好的食物吧。

5 推薦「六分鐘閱讀」

今天有個關於壓力的有趣資訊。
汪哼……
一天只需要閱讀六分鐘，竟然，
就可以減少68%的壓力呢汪。
什麼～～!!
請務必利用通勤或其他空檔時間閱讀吧。

可以減輕壓力！

最後要向大家介紹，「造成怒意的四項不足」中的「學習不足」。學習這件事，只要有點細碎時間就能簡單辦到。

根據英國薩塞克斯大學的研究團隊研究，「六分鐘閱讀」可以有效減輕現代人68%的壓力。短短六分鐘就能獲得這麼好的效果，只要積極利用通勤等交通時間，以及事情與事情間的空檔時間，就能獲得非常好的效果。

學習自己不需要的東西只有痛苦而已，但學習自己必要的東西很開心，也能創造出成果。學校作業做再多也不會有回報，但長大成人後學習，付出多少努力就會直接影響收入，沒什麼比這件事更讓人有成就感了吧。

CHECK

出社會之後的學習很開心，而且還可以變成金錢！

CHAPTER

3

檢討「思考習慣」、「口頭禪」就能戒掉「動不動就生氣」！

1 可以確實轉換心情！

有人最近常心情煩躁，動不動就生氣嗎？
我！
我要推薦給大家的就是「不發怒開關」。
鏘鏘
不發怒
只要按下這個就能立刻找回平常心，發現讓事情順利的方法汪。
接下來，我波吉要告訴大家按下開關的方法汪！
波吉按開關
冷笑話好無聊
但我想知道方法……

活用「不發怒開關」吧

至此向大家介紹了不再「立刻發怒！」的方法。立刻發怒時，大多都會伴隨停止思考。冷靜下來之後再回想，就會反省「我說過頭了」、「搞砸了！」然後讓自己冒出一身冷汗。

本章要介紹讓你不再感到不耐煩的思考方法、接納方法、口頭禪等，也就是以「不怒開關」（請參閱P8）為中心的內容。血氣方剛，不耐煩模式全開的二十多歲的我，可以冷靜地切換思緒，成為被稱為「幸福有錢人」的人，也全都多虧有這個開關。這方法簡單又有效，過度煩躁而想暴飲暴食時也能做，還請放心。那麼就讓我立刻來向大家介紹吧。

CHECK

有切換心情的訣竅。

2 「原來是這樣想啊」的效果

有不加以否定對方的說話方法

不僅工作，私生活中應該也常見因為和對方一點思考差異，或意見相左而發展成「爭論」的狀況。

前幾天也有位客戶跟我說，她因為一件小事和男友吵架，結果自那之後兩人都沒有開口說話。

我一問之下，她對我說原因。

「前陣子，我和男友一起去了淺草的淺草寺。當時男友對我說『神社要順時針參拜』，然後我說『不對啦，神社是要逆時針參拜』，結果我們兩人互不退讓，就吵起架來了。」

我聽完之後如此建議她：

「確實因神社不同，有些要順時針參拜，有些要逆時針參拜。這種時候，如果真的很在意，可以去問問神社裡的宮司。但是在這之前，我可以給妳另一個建議嗎？淺草寺其實不是神社而是寺廟，別因為神社的參拜方法爭吵也沒關係吧？」

客戶聽完之後說著「確實如此……」之後捧腹大笑！然後立刻打電話給男友，兩人一起大笑之後和好了。

「一樣米養百樣人」，每個人擁有不同的意見與思考方法是理所當然的，也正因為如此，這世界才能接受各種不同的東西持續發展下去。

如果認為「自己才正確」，絕對會發展成發怒或爭執。
但是認為「自己不正確」也會變成「否定自我」或「喪失自信」，這也不太好。

那麼，當你碰到與對方意見或想法不同時，該怎樣避免自己發怒，可以認同對方，也能讓對方認同自己呢？大家可以使用這句話。

「原來如此，你是這樣想的啊。」

這句話既沒有否定對方也沒有肯定對方。
只是接受了對方說出口的話而已。
人在無意識中會想著「不想輸給對方」或是「想要比對方優越」，自己擅自築牆，甚至有人還會想要壓制對方以展現自己比對方優秀。

但如果想要在真正意義上與對方平等以對，就得好好尊敬對方、接納對方，這才是最聰明的方法。

CHECK

別主張自己的正確性。

3

不是「不對」而是「不同」

文件就該誠心誠意用手寫吧！這可是工作基本耶！
呃……但是
嚇
喔──喔──正在說大道理呢──這樣如何呢汪
按
按下開關。
消氣
啊，不是「不對」，而是最近的做法「不同」了啊。
很好。
嗯……對。
我也要學學，你要教我最近的做法喔w

換了個字就有天壤之別

有句話只是換了個字就會立刻惹怒人，甚至發展成爭執。

那就是把「不同」換成「不對」。

每個人都有「不同」。性別不同，出生的國家或環境不同，思考與行動當然會出現差異。

「不同」並非壞事。

所以說，只是「那個人不同」並不會引起糾紛。

但如果換成「不對」又如何呢？

當狀況變成「那個人不對」的瞬間，人就會想要去「糾正」對方，如果對方不改就會因此發怒，最後發展成爭執。

當自己認為「對」的事情被指正為「不對」時，理所當然會湧現怒氣。

但是，如果把這當成「不同」，就能理解那是對方的「正確」，也就可以不發怒了。

如果能更進一步理解彼此的「不同」還能互相理解，愛情也會從中產生。

人與人只要互相認同、尊重彼此的不同，這世界就能不再有爭執。做為邁向世界和平的第一步，並非「糾正不對」，而是「互相認同彼此的不同」。

首先就從這裡開始做起吧！

CHECK

只要當作「不同」就好。

4 可以變得恩恩愛愛的行動是？

最近和先生常常吵架……
唉……
嗯嗯
話說回來，妳知道先生喜歡的時間、喜歡的場所嗎？
~♪
簌簌
啊……!!
最近似乎不太在意那些耶。
那就試著回歸初心，討他歡心就好了汪。
~♪
沒問題沒問題
太好了

以對方的「喜歡」為優先！

我的工作，簡單來說就是「增加幸福的有錢人」。

我認為不是讓客戶成功變成有錢人而已，如果客戶沒有因此變得幸福就沒有意義。大概因為這樣，來找我諮商的人幾乎都回答「和重要之人之間的關係變得非常好」。

更別說我拯救了數也數不盡的「夫妻離婚危機」呢。

其中還有夫妻一個月最少吵架一次，每次互相指責的怒罵聲傳遍街頭巷尾，甚至讓住同棟公寓的鄰居投訴（笑）。

那麼，**為什麼他們會突然變得超級恩愛呢？是因為他們發現了自己的真心。而我只是從旁協助而已。**

我建議客戶：**「確認先生喜歡的時間、喜歡的食物和喜歡的場所，只要在先生身處喜歡之中和他談，就不會吵起來喔。」**只是這麼簡單的事，卻讓太太宛如當頭棒喝，她發現先前都是在丈夫不高興時找他說話，自改變之後，他們的關係也有戲劇性變化。

俗話說「感情越好吵越兇」，如果夫妻關係真的降到冰點，那連吵也吵不起來。

要珍惜對方「重視的東西」，老實表達「實際上想要建立起怎樣的關係」的真心話後，關係就能獲得驚人改善。

夫妻關係改善後，工作成果或營業額彷彿與之呼應也跟著上升。

我認為女性這類傾向特別顯著，沒有比「要為了深愛之人努力……」這種對愛情力量覺醒的女性更強的生物了。

CHECK

重要的話，要在對方從容時說。

5 別說「你要這樣做」

他說他想分手，我才給了他那麼多建議耶！
不爽
我們和好了
結果竟然復合了，他根本完全沒聽我說嘛！
真是的，把我的時間還來啊
看來妳是覺得「自己是正確的」吧汪。
咦!?
要不要接納建議是對方的事汪。
確實如此。
只要不認為「自己是正確的」，也就不會不耐煩了汪。

用「如果是我，我會這樣做」的說法就ＯＫ

曾有客戶這樣問我：

「森瀨老師你都不會在諮商時命令『要這樣做』、『就照著這樣做』，強迫我接受你的做法耶，這是為什麼？」

許多被稱為諮商師或是老師的人，確實很容易脫口而出「要這樣做、要那樣做」。

說起為什麼我不會命令客戶，或強迫客戶接受我的做法，這是因為「我不認為自己是對的」。

我會根據自己的經驗，說出認為「這樣做就能順利」的方法，如果有人請我建議，我也只會說「如果是我，我會怎麼做」。

要不要聽從我的意見取決於當事者，因為每個人的角色與生活方法都不同。

而且話說回來，當你說出「做這個、做那個」之後，如果對方沒照你所說的做，你就會因此感到憤怒。

我很清楚這點，所以打一開始就不會命令對方。

只不過，應該有許多人在立場上得要分配工作，或是下指示。

不僅限於工作，學校或左鄰右舍交往也是如此，在家庭裡也會有麻煩對方或指示對方做事的狀況。

這種時候，就算對方不聽從自己的意見，總之千萬別想著「自己是正確的」、「自己沒有錯」。

不只憤怒，爭執或糾紛大多都源自「自己是正確的、自己沒有錯」的想法。只要你拿出「正義」來，勢必會將對方視為「惡徒」，還請多加注意。

CHECK

只要不強迫對方接受你的意見，也就不易產生怒意。

6 把讓你火大的對象轉變成「笑點」

又被課長教訓了啦——超火大！
有個可以幫妳轉換心情的技巧，那就是「綽號」技巧。
那什麼啊？
就是替不善應對的人取「有趣綽號」，把對方當笑話。
不錯耶！感覺很有趣！
又被賽伯斯欽教訓了啦，超火大！
噗
噗噗噗

什麼是「賽伯斯欽效果」呢？

我們難以改變那些立刻就生氣的沒耐性人，以及總是心情很不好的人。盡量不靠近這些人，保持距離是正確答案，但碰到工作關係這種怎樣都無法避開的狀況時該怎麼辦呢？

這種時候，我最推薦的方法就是「化為笑點」。

舉例來說，假設有個老是惹怒你的上司，可以試著替這個人取「賽伯斯欽」的綽號。這當然要瞞著當事人啦（笑）。

然後當你被這個令人火大的上司「賽伯斯欽」罵時，

「那個賽伯斯欽，今天也說了一大堆不知所云的話。真想跟他說，在他自以為是講大道理前，先學好怎麼說話再來當上司啦！」

你可以像這樣和周遭朋友抱怨。

如此一來，比起抱怨的內容，「賽伯斯欽」這綽號更給人強烈印象，我想聽到這段話的人都會在此忍不住噴笑。

如此一來既不會搞糟現場氣氛，也能在不傷害任何人的情況下讓自己心情舒爽。

在人際關係中，「以怒報怒」是最糟糕的溝通方式。

就算對方有錯，當你發怒後，不管怎樣都會傷害到接收怒氣的對象。比起發怒，**只要轉換成會讓你噴笑出聲的東西，你就再也不會輸給這份怒意了**。

比起憤怒的表情，肯定是笑臉更有魅力。

CHECK

替令你火大的對象取個可笑的「綽號」。

7 心靈富饒的人會這樣想

有錢人不吵架。
什麼意思啊？
真正心靈富饒的人不會不耐煩，而且會想要做好事汪。
有句話說「因果報應」。
對別人做的事情會回報到自己身上汪。
對狗也是喔。
這樣啊……
真是深奧。

對自己說「有錢人不吵架」

處理客訴時，就是考驗一家店真正價值的時候。

越好的店家，就越能明顯展現自己真正的價值。

而「反之亦然」，碰到客訴就是向顧客傳達自家服務精神的好機會，另外也可看出顧客的本意與真實價值。

進一步解釋，假設有個趁著客訴機會要求店家給予超越價值的服務，面對這類「奧客體質」的顧客，別太理睬對方才是最好的方法。

不需要惹怒對方，但反過來說，這類顧客也不可能成為大客戶。

話說回來，越高級的店越清楚「最糟糕的顧客就是立刻發怒的人」，所以也不會太搭理對方。

正如「有錢人不吵架」這句話，真正心靈富饒的人不會想去貶低對方，也不會不必要地責備對方。

最重要的是，某層意義上來說，這世界是「因果報應」的世界。

從結果來說，你做的事情絕對會回報到自己身上。

想要變得幸福，就先給別人幸福。

想要變得富饒，那從自己先給予。

不管是幸福還是富饒，回到自己身上時都不可能超過自己的器量，就算超過了，結果還是只能接收自己器量的分量。

CHECK

有錢人深知「因果報應」的理論而行動。

8

「不說他人壞話」的好處

啊啊真是的，
我為什麼要跟那種人
交往啦……！
唉……
……
欸欸，
妳看汪。
像不像去泡澡
噗（笑）
想那種傢伙，
連一秒都嫌浪費啊汪。
對吧，笑一個？
波吉謝謝你！說得也是，
想開心的事情比較
幸福啊。
你那樣好可愛喔♡
對吧對吧？

把時間花在討厭的人身上太浪費了！

「森瀨老師幾乎都不會說別人的壞話耶。」

身邊的人常常這樣對我說。

我自己沒特別注意這點，但說起來的確是這樣沒錯。

說人壞話，也就是在想討厭的人。

冷靜想想，你不覺得這是個相當沒有效率，非常浪費時間的行為嗎？

因為啊，就算工作再討厭，只要工作就有錢領，但你思考討厭的人也沒錢拿耶（笑）。

其中還有「一想到那個人，就讓我不甘心得晚上睡不著覺」這樣奉獻自己寶貴時間的人，但對方可是酣然好眠，睡得可舒服了呢。

「心情煩躁到連飯也吃不下」時也是，對方或許正在吃好吃的美食呢。

這就正中對方下懷了。

在人生中遇到討厭的人，就跟「路邊的狗大〇」一樣。

當你在散步途中看見路邊的狗大〇，回到家之後還不停回想「氣味是那樣」、「形狀是那樣」然後生氣，這完全沒意義對吧。

就快點把回想起來都會讓你不舒服的狗大〇忘掉，對路邊盛開的小花感動，感受季節變化等等，這要幸福得太多了。

如此一來，你不只能讓珍視的人幸福，自己也能變得更幸福。

CHECK

切換思考，
把時間用在重要的事情上。

CHAPTER

4

是否在不知不覺中受傷了呢？
從不體貼的人手中
保護自己！

1 太生氣只是挖大自己的傷口

可以生氣但不能直接朝對方發洩，這到底該怎麼做呢？問題就在此。
推
我
要是忍受不耐煩，反而會造成壓力汪。
沒有錯！
所以事前決定好不耐煩時該如何應對相當重要汪。
●碰見有惡意的人時？
●深深被刺傷時
●對窒息的人際關係困擾時
●該怎樣才能改掉碎碎念不停的習慣
只要決定好應對方法，就能不變得情緒化，可以聰明度過難關汪。

互相拿情緒碰撞只是受傷而已

有人說，生氣其實是壓抑悲傷、寂寞、痛苦等心情。

舉例來說，碰到朋友或伴侶毀約而感到不耐煩，很可能是因為認為直視「我想要受到重視」這軟弱又可愛的心情很痛苦，所以才會轉為選擇憤怒。

當你易怒時，其實你是不是很悲傷呢？是不是感到很寂寞呢？是不是勉強壓抑痛苦情緒呢？如果你沒發現自己這類心情，而朝對方發洩不耐，只會把彼此的心理距離越拉越開。

現在社群網站相當普及，無關乎有無利害關係，藏身螢幕後的人毫不客氣發言的機會也增加了。

要是火大反擊，或者努力忍耐任憑對方繼續說，不僅自己的利益受

損，也只會不停傷害你的心靈。

從這層意義上來看，我們平常就要有意識地保護自己。

本章將要向大家介紹，在「想迴避對方抱有惡意的攻擊」、「被對方狠狠刺傷時該怎麼辦才好？」「該怎樣才能從窒息的人際關係中解脫？」等傷腦筋的狀況中保護自己的訣竅。

CHECK

學習保護自己的應對方法吧。

2 這種時候就化身「鬥牛士」吧！

別太認真對待

至此我談論了我們有「不發怒」這個選項。

但如果只是不發怒，我們心中還會留下「未消化的憤怒」，心裡那份煩躁始終糾纏不休。

在此最重要的，並非只是不發怒，還需要加上其他行動，徹底消除心中「未消化的憤怒」以及不耐煩。

周遭常可見到叨叨絮絮不停抱怨的人，或是扯他人後腿，喜歡閒話他人不幸的人對吧。這類型的人，有看見比自己順心、比自己幸福的人時，就想要攻擊對方的傾向。

這些人對自己的境遇感到憤怒，然後把憤怒矛頭指向成功者或看起來很幸福的人，試圖發洩自己鬱悶的心情。

職場上巧妙找麻煩的人，把你視為對手的朋友，小孩同學的媽媽，親戚，或者是社群網站上完全陌生的人等等。雖然檯面上不可以發怒，但這些人還是會不停創造出令人不耐的狀況，每天累積下來的不耐煩就快要爆炸時，到底該怎麼辦才好呢？

這種時候，就請你化身為鬥牛士！

就是拿塊紅布自由自在操控猛牛的那個鬥牛士。

也就是不當一回事地閃躲如猛牛般找麻煩的對手。

以輕快說話語調知名的前眾議院議員杉村太藏先生，就是「高超鬥牛士」。

聽說他被批評「為什麼政治家都跟你一樣愚蠢啊！」時如此回應：

「這是因為像你這樣優秀的人不願意出來參選啊。」

聽到他這樣說，對方也不會不開心，對吧。

只要可以閃躲對方的怒氣，不只自己不會受傷，也能向對方展現彼此「格調不同」，可說是一舉兩得呢。

請把不合理客訴或抱怨的顧客，以及在社群網站上造謠毀謗中傷他人的人全部當作「牛」。

對方會任由怒氣操控，使出全力朝你衝撞。

如果正面撞上了會很痛，而且也會受傷。

所以首先就輕輕閃避，在閃避的同時冷靜思考下一個應對手段。

如此一來，自己就能不受到傷害。

CHECK

別正面承受對方的口頭攻擊，要輕鬆閃開。

3 碰到難纏的傢伙就狠狠刺他一刀

妳還不結婚嗎？
嘿啊～
妳給我振作點啊，再繼續這樣徒增年齡下去，妳是打算怎麼辦啊！
碎念 碎念 碎念 碎念 碎念 碎念 碎念
真的是要怎麼辦呢？都不知道父母怎麼教的，真想看看長什麼樣耶汪。
就是說啊——波吉～～
……

沉默不語就會被乘隙而入

巧妙閃避對方的口頭攻擊之後，如果對方持續出言攻擊該怎麼辦才好呢？

這種時候就要邊像個鬥牛士一樣閃躲對方直擊猛攻，邊刺槍回擊多說一句話讓對方再也不敢說出同一句話。

舉例來說，每次回老家時，母親都會喋喋不休叨念「妳還不結婚嗎!?」等她在意的事情。

雖然一度用「嘿啊～」來閃避，如果她還是繼續說，妳只要這樣回就好了：

「為什麼到了這把年紀還結不了婚呢？都不知道爸媽怎麼教的，真想看看爸媽長怎樣。」

只要這樣說完，母親也肯定無法繼續回話（笑）。

除此之外，看見過得比自己順心的人就想攻擊對方的人，其實都是找「看起來比我還弱」的人攻擊。

所以展現出「我才不會輸給你！」的態度相當重要。

實際上，我的客戶中有許多人在成功後受到身邊人口頭攻擊或是背地被說壞話，他們對此相當煩惱。

其中有人對「那個人可以成功是因為後面有『男人』撐腰啦」的謠言感到憤怒，我給她以下的建議，如果下次造謠的人出現在妳面前，妳可以這樣對她說：

「**什麼！妳背後連一個男人也沒有嗎？不會寂寞嗎？**」

這位客戶聽完建議後大概變得完全不在意了，原本數十萬日圓的月收，一口氣飆升到兩百萬日圓。而且話說回來，如果完全沒有支持者，那根本不可能增加顧客也不可能增加營收啊。只要支持者增加，肯定會出現一定數的批評者，以及眼紅這份成功的人。這種時候就要說出強勢的話增加更多支持者，一腳踢飛批評者。

CHECK

用態度展現「我不會輸」的意志。

4 別憎恨「父母責備」的秘訣

你這小子，為什麼做不到啊，混帳！
你到底懂不懂!?
對……對不起……
發抖
長大成人後
好像多了一個零
啊，〇〇，你這份資料的數字寫錯了，可以請你修正嗎？
不、不好意思，我立刻修正！
你好厲害都不會生氣，真虧你有辦法那麼溫柔說話耶。
多虧我有那樣的爸媽吧。
啊哈哈
我不喜歡大聲怒吼，動不動就生氣的人。

脫離憎恨的「某個視角」

令人意外的，其實有非常多人長大之後仍無法消除對父母的憤怒。當然有許多人是在優秀父母滿滿的愛中養大，過得非常幸福。看見這樣的人，也容易產生「為什麼我爸媽是那樣……」的想法吧。

但基本上，每個父母都很不成熟。

或許從孩子來看，會認為「父母是完美的存在」，但他們也是對第一次經驗的事情不知所措，一個不成熟的人類。

如果你很不幸，擁有非常不成熟，甚至被稱為「毒親」的父母，那就只能努力讓自己盡早從這個關係中畢業了。

實際上有以下這樣的案例。某個地方有一對兄弟被不務正業、每天只顧著喝酒的家暴父親養大，兄弟獨立之後各自有了家庭，哥哥始終無法消除對父親的怒意，不知不覺也開始酗酒，引發暴力事件而進了監牢。

入獄時哥哥如此說：「全都是父親的『錯』，害我變成這樣。」而弟弟呢，則是對妻子和小孩都非常溫柔，工作充實，每天過著幸福生活。

在這樣的日常生活中，因為一點小事回想起過去的弟弟如此感嘆：「『多虧』有那樣的父親，我才能有今天。」

即使在同一個父母身邊養大，將這件事轉換成怎樣的糧食會大為左右結果。

CHECK

把父母當成反面教材。

5 當你聽到「受傷的一句話」時

叔叔，你肚子跑出來了耶。
哈哈哈
就是啊～跟熊熊很像對吧～
探頭
哈哈哈～
這個人並不認為「變胖」是壞事，所以也不會感到受傷。
叔叔，你頭髮好少喔。
……
探頭
這個人覺得「禿頭」很丟臉，所以很受傷。

心理的創傷可以靠自己防禦

有些字詞「對別人說會很傷人」。

例如「胖子」、「禿子」、「醜八怪」、「矮子」這類字詞。

但是啊，同樣一個詞，有些人聽了之後會很受傷，有些人一點感覺也沒有。

這是為什麼呢？人類只要聽到別人說出口的話滿足兩個條件，就會感到憤怒或受傷。

一個是認同「自己就是這樣」時，用剛剛的字詞來說明，就是認同「自己是禿子」、「我不是美人」的時候。

只不過，只有這樣還不會受傷。

再加上另外一個要素後，人才會感到憤怒或受傷。

那就是，認為「這是件壞事」。

用剛剛的字詞來說明，就是認為「我是胖子，而胖子很丟臉」或「我是個矮子，矮子被旁人討厭」時。

反言之，就算認同，只要不認為那是件壞事，也就不會因此感到憤怒或受傷。

「我可能是胖子，但現在很流行棉花糖女孩，所以我也還滿受歡迎的耶。」

「雖然我是個禿子，但我女友說『你這樣好像布魯斯．威利，超帥氣的！』，所以我自己也很喜歡。」

這樣想的人就算被人叫「胖子」或「禿子」也不會生氣，不會受傷。
深入理解自己，學習讓自己活躍的方法，就能減少憤怒。

CHECK
只要換個角度看事情，
缺點也能變強項。

6 別屈服於暴力！

推
關於憤怒
「憤怒」中也有「不可以忍耐的憤怒」。
那就是……
屏息以待…….
身體的憤怒
當你身體受害時，忍耐是很危險的行為。請立刻保持距離，然後找專家諮商。
筆記
筆記

不可以忍氣吞聲

接下來，我想要依照憤怒的種類，帶大家了解按下「不怒開關」的方法。

首先請針對「身體的憤怒」來思考。

「身體的憤怒」也就是被他人毆打等等，身體遭受傷害時湧上的怒氣。理所當然此時要你「別生氣」才比較困難，**反過來說，如果你都遭受身體傷害了還不生氣或是忍耐，這反倒更加危險**。

如果我們沒有做錯事卻受到危害，報警或採取法律手段解決才是上策。

排除正當防衛的情況，「以眼還眼」對自己沒有好處，我認為別這樣做比較好。

問題比較大的，在於對方是近在身邊的人，或者是和你有上下關係的人。

不久前，在學校或職場有寬容看待辯稱為「教育的一環」而打人的風氣，但現在不管是怎樣的狀態，「絕不容許暴力行為」已經是常識了。

如果發生了被毆打的狀況，千萬別忍耐，而要找身邊的人商量，包含採取法律手段在內，要毅然以對。

發生在家庭或夫妻之間亦同。

「只要我忍耐就好」的想法，對自己、對對方都不是好事。

找專家商量等等，邊尋找解決方法邊盡可能與對方保持距離等等，應該要立刻尋找對策。總之，「身體的憤怒」是正當的憤怒，是保護自己的必要情緒。

正因為如此，不是「情緒化回擊」也不是「忍耐」，而是要更根本地「保持距離」、「辭職」、「分手」等，盡早採取重新審視彼此關係的行動。

CHECK

別忍耐，改變環境或是找第三者商量。

7 「失去的傷痛」帶來的東西

接下來要談論「消失的憤怒」。
推
大家請試著想像，你們每天在吃的重要零嘴……
浮現想像
有天突然消失，再也吃不到了。
砰
此時的悲傷與憤怒就是為了發現「其重要性」而存在，所以要每天心存感激。
寫

從釋迦牟尼名言中得知的教訓

接下來要介紹「**消失的憤怒**」。

這是當自己珍惜的東西不見，和重要的人分別，或是對方過世時會湧出的怒氣。**失去之物的價值與存在對自己越重要，其悲傷與憤怒也會越大**。

以下說個小故事。一個剛失去小孩的母親，來到知名的賢者釋迦牟尼面前，對他如此痛訴：

「釋迦牟尼，拜託您，請您告訴我該怎麼做出讓這孩子起死回生的藥。我願意付出所有代價來做這個藥。」

釋迦牟尼聽完之後如此回答這位母親：

「我明白了，那請妳去找罌粟籽來，只不過這有個條件，這個罌粟籽得生長在從以前到現在完全沒有死過人的家裡的庭院裡才可以。」

母親聽完這句話後，四處拜訪各家庭詢問有沒有種罌粟，然後問家族裡是否曾經有人過世。

接著發現，雖然有家庭種植罌粟，但也聽到「我妻子上個月過世了」、「我的兒子去年過世了」等等，不管哪個家庭都提到有誰過世的消息。

在走訪幾十戶人家之後，這位母親才發現。

「我所懷抱的憤怒與悲傷，也不是只有我有這樣的情緒，大家都抱著相同的憤怒與悲傷活著啊。」

在那之後，母親埋葬了自己的孩子，並在告知釋迦牟尼這件事之後表示：「我想要幫忙擁有相同憤怒、悲傷與痛苦的父母。」接著就到釋迦牟尼身邊出家了。如果可以，希望大家能在失去後才知道重要性之前，絕對別留下遺憾，從平常就要珍惜其存在。

CHECK

和重要的人共度
不留下遺憾的生活吧。

8

憤怒是你深愛對方的證明

難以置信！
他竟然臨時取消
今天的約會……！
我都已經準備好了耶！
什麼……氣死人了……
難以置信……
怎麼辦啦……
砰
妳會這麼生氣，
就表示妳這麼想要
見到對方啊汪。
別用憤怒，要用愛
表達這份心情汪。
什麼～太可惜了。
我好想你耶……♡
唉唷～
這什麼說法啦，
也太可愛了～～
嗶嗶嗶

「求認同」的心情召喚憤怒

接下來要講述**「不受尊重的憤怒」**。

人類有「尊嚴需求」，簡單來說就是「想要獲得認同」、「想要獲得他人珍惜」、「不想要遭受隨便對待」等心情。所以**當無法獲得認同，不被他人珍惜，遭受隨便對待時就會發怒**。

舉例來說，約會前一刻突然接到對方通知「我臨時有工作」而取消約會，因此感覺「工作比自己更優先」然後生氣。

話說回來，會強烈希望對方「認同自己」、「珍惜自己」、「別隨便對待自己」，是因為非常珍惜、非常喜歡對方，想得到對方的愛。也因此才會生氣。

正因為這樣，別做出直接把怒氣發洩在對方身上，讓重要的人也感到憤怒的溝通方法。

反而讓你重新確認「我就是這麼愛這個人，才會湧現如此大的憤怒」，請直接向對方表達這份心情。

如此一來，就能讓彼此的關係變得更加美好。

人和人的交流溝通最重要的就是「確認」。

我們沒有超能力，不可能知道對方心裡在想什麼。

如果認為「只是嘴巴說說，想說什麼都可以」就會讓溝通到此結束，但我還是認為，如果無法彼此溝通，互相表達心情與想法，試著努力互相理解，那就無法期望人際關係變得更好，彼此也會停止成長。

有緣分才能相逢，如果認為彼此很重要，就希望可以建立起把話說出口好好確認，並透過行動表示的關係呢。

CHECK

正因為對方很重要，
才要努力互相理解。

9 面對不講理的人要毅然以對

試圖滿足尊嚴需求的人

彷彿想要填滿自己不滿足的「尊嚴需求」，有些人會利用自己的立場對店家客訴「我可是顧客耶！」或者採取相當高壓的態度。

另外，店員裡也有很沒有幹勁，或是態度相當蠻橫的人。碰到這種不講理的人發怒時，我們該如何應對才好呢？

首先，發怒也於事無補，所以請試著冷靜下來分析對方。**他們大多都是因為在他處無法滿足「尊嚴需求」而懷抱憤怒，或者本身就是個不成熟的人。所以只要憐憫對方「他是個可憐的人」，也就不會生氣了。**

CHECK

做出不講理事情的人是「可憐的人」。

10

注意「控制欲的憤怒」

喂！吃飯前快去把你的作業寫完！
別拖拖拉拉的
……
等等，這位媽媽不可以啦，妳不可以這樣罵小孩！
我知道妳是為他好，但不可以這樣強迫他接受「正確」。
不行
不行
用「控制欲憤怒」對待人，只會重挫對方的心汪。
點頭
點頭

是否在不知不覺間施壓了呢？

父母在考慮孩子教養與孩子的將來時，常常會從旁建議，或要求小孩「要這樣做」、「用別的方法做會比較好喔」。

此時如果孩子不肯聽父母的話，或者表現出反抗的態度，就會讓父母感到憤怒。

這被稱為「控制欲憤怒」。

公司上司對不聽話的下屬生氣，學校老師對不聽從自己指示的學生生氣也是「控制欲憤怒」。

「控制欲憤怒」是人類與生俱來的情緒，所以無法否定。

那我們該怎麼應對呢，只要自己「發覺」就好了。

「控制欲憤怒」與「不受尊重的憤怒」都有同樣的前提，那就是

「愛」。

正因為希望對方變得更好，才更加生氣。

但也不是發怒就能讓對方感受這份愛，所以要透過不同的方法讓對方理解這份愛情。

其中，會湧現「控制欲憤怒」還有一個原因，有些人認為「下位者就應該要聽從上位者的命令」是正確的而感到憤怒。

我將會在下一章中詳細說明，**「正確」會因人、因立場或習慣而改變，所以需要站在對方的立場思考**。

另外，當下位者不聽話時，有人會感覺「他該不會是瞧不起我吧」或「我不想讓別人覺得我沒有指導能力」而發怒。

這種時候果然也並非去改變對方，而是要自己「發覺」改變自己。只要想著「這個人是為了告訴我不可以變成這樣，挺身而出飾演反面教材給我看啊」，反而會覺得相當感激呢（笑）。

CHECK

別試圖想要控制立場比你弱的人。

11 真正的「不被討厭的勇氣」是？

壞話就是廁所裡的塗鴉！

現代社會中，社群網站（Social Network Service）不只是個人發訊的工具，更是商務工作中不可或缺的存在。

我自己也有使用，也推薦客戶們積極活用。

而此時也絕對會出現發生在社群網站上面的糾紛。

特別是空穴來風的毀謗、中傷會讓人非常生氣。

有許多人因為「不想受到批評」而躊躇著不敢用社群網站，但那其實和「我怕中毒所以不吃河豚」是相同道理。

如同只要好好處理，吃河豚就不會中毒一樣，只要做好對策就能預防一定程度的批評。

只不過請務必要記得，這世上有一定數量，毫無生產性只為了自我滿足而不停重複毀謗、中傷他人的人。

雖然非常遺憾，但這就與「廁所裡的塗鴉」不會消失相同。

比起這個，千萬不能忘記的是，與批評你的人數相較，有更多支持你的人。

請關注這些人的溫暖支持，只要做出能讓這些人開心的事情，你就不會去在意那些空穴來風的批評，那也會在不知不覺中消失。

不僅社群網站，在人際關係中，你也不可能讓所有人都喜歡你。

「與其努力不被討厭，倒不如好好珍惜喜歡你的人。」

我認為這才是最重要的。

CHECK

別去看討厭的人，
而要好好注視重要的人。

12

儘管割捨讓你煩躁不堪的人際關係

人際往來真的很辛苦。
肯定有讓你討厭的人際關係。
噠
你可以逃避討厭的人際關係也無所謂。
逐步拉開與討厭人際關係間的距離，
噠
噠
噠
如果無法逃脫，那就從中學習些什麼……
當你脫離時，肯定會發生好事情。
GOAL
這就是人際關係啊汪。

有些人際關係逃跑更好！

不僅限於社群網站，人與人相處在產生喜悅與歡愉的同時，另一方面也會發生讓人憤怒或悲傷的事情。

要說「這就是人際關係」或許也沒錯，但我要在這邊告訴大家盡可能減輕壓力的方法。

那就是「脫離讓你感到憤怒的人際關係」。

我認為人類不是分為「好人」或「壞人」，而是每個人都有「好的一面」和「壞的一面」。

所以**要盡早脫離這種會引誘出自己「壞的一面」的人際關係比較好，脫離之後，就只會剩下能引誘出自己「好的一面」的人際關係了**。

如此一來，人際交往會變得相當輕鬆。

因為你身邊不會再有惹怒你的人了啊。

只是說到這邊，肯定會出現「就算你這樣說，公司或家庭這類無法脫離的人際關係該怎麼辦啊？」的問題。

遇到無法脫離的人際關係時，表示「你在這個階段該學習的事情還沒學完」。

只要你從這段人際關係中學到什麼之後成長，討厭的人也會在不知不覺中消失，或是變得毫不在意。

不僅如此，你成長之後絕對會有好事情發生，可說一舉兩得。

總之要積極逃離有問題的人際關係，無法逃離時就保持距離。如果還是不行就轉變為學習心態，讓自己有所成長之後邁向下一個階段就好，這就是人際關係的精髓。

CHECK

和可以引誘出自己「好的一面」的人往來吧。

13

認同自己吧

你為什麼連這種事也做不到！
暴怒
對不起對不起
別氣別氣，
氣噗噗
稍微冷靜一點嘛汪。
妳先試著回想一下妳自己。
咦？全部嗎？
我確實也會吃太多或是睡過頭。
幾天後
比先前更不容易不耐煩了呢。
這個要修改一下喔
好的！不好意思。

別過度批評自己！

我想，大家應該都有過「聽到那傢伙的說詞就讓人火大」，或「那傢伙說話的方法老是讓我生氣」的經驗吧。

這世上確實有許多常常惹怒人，常常讓人火大不耐煩的人。

但那真的全都是「那個惹怒人的人不對」嗎？

想要建立良好的人際關係，最重要的並非「接納對方」。

其實還有更加重要的事情。

那就是「接納自己」。

「你接納他人的程度」與「你接納自己的程度」成比例。

也就是說，越能「接納自己」的人也越容易「接納他人」。舉例來說，可以原諒自己遲到的人也能原諒他人遲到（笑）。

反過來說，沒辦法順利「接納自己」，自我否定「這樣的自己不行！」的人，同樣也會否定他人。

憤怒的因素有很多，而大多數的狀況，原因都出在自己心中。

可能是不想認同自己的幼稚，也可能是過去有過心靈創傷。

請從過去的過錯或失敗中原諒自己，解放自己吧。

這能讓你進一步認同自己，也能替你與對方建立起良好的關係。

CHECK

只要能做到「接納自己」，人際關係也能變得輕鬆。

CHAPTER

5

別被「無謂的憤怒」玩弄
脫離危機的「六個習慣」

1 把不爽的那傢伙變成神明的方法

妳最近是不是變胖了啊？
噗噗
男友
不耐煩
!!
等等汪。
妳會感到不爽就是妳在意的證據汪……！
按下「不發怒開關」讓憤怒變成改變的契機！
按
我按！
因為我太不爽了，卯足幹勁之後就瘦下來了！
苗條
波吉謝謝你
撲通

未來的選擇權在自己手上

聽到讓人火大的話之後要生氣，或是將其視為「這或許是神明給我的指示」而轉換為改變的機會，全都取決於你的選擇。要是有人對你說「你最近是不是變胖了啊？」那就「挑戰減肥瘦身」。被人說「你沒錢嗎？」那就是「重新審視自己的工作與收入的機會」。如果聽人說「都三十了還單身不寂寞嗎？」就可以「認真去找好男人（女人）」。**就像這樣，選擇權隨時都握在你手上**。

只要把「怒氣」的能量當作彈簧，就可能辦到先前沒辦法做到的事情。而且話說回來，我認為神明之所以讓人類擁有憤怒情緒，就是為了讓人類有能力不管遇到什麼困難都絕不放棄，將現狀改變為理想狀況。

CHECK

要是碰到火大的事情，
就是讓自己改善的機會。

2 用「I Message」來表達

有個有效的斥責方法！

拿用「我」當主語的「I Message」表達怒氣，就能讓對方清楚明白自己的心情。

舉例來說，斥責小孩時，你是否總是這樣罵小孩呢？

「明明都說了『要玩就在這邊玩，絕對不可以跑到其他地方去』，『你』為什麼不聽媽媽的話啊!!」

這是以YOU（對方）為主語的「YOU Message」表達方法。

這種說法只會讓孩子感覺自己遭受責罵，惹媽媽生氣了。

另一方面，如果用自己當主語，表達自己的感受又會變成怎樣呢？

「媽媽（我）急急忙忙跑回來卻沒看見你，你知道我有多不安嗎？害

怕得都快要哭出來了。所以啊，以後要好好聽媽媽說的話。」

聽到母親這樣說，孩子也會感到很開心，之後也會乖乖聽話。

用「YOU Message」表達憤怒情緒與直接將怒氣發洩在對方身上沒有兩樣。

但是，只要用「I Message」好好傳達發怒的原因，對方也能感受到自己的心情與「愛情」，能更加深彼此的理解。

CHECK

用「I Message」就能讓對方好好把話聽進去。

3 別把威脅當作叫動他人的手段

育兒變得好輕鬆！

幾乎每個育兒中的爸爸、媽媽都有這個煩惱。
那就是「小孩都不聽話」。
小孩子變得不肯聽父母的話是長大的證據，本來是件好事。
但還得考慮教養問題，其中也有「想要小孩服從」的父母。
結果會變成怒罵「你給我差不多一點！」「你要我說幾次才懂啊！」或者威脅「你不聽話就不買玩具給你了！」「沒做好之前都不能吃點心！」試圖讓孩子聽話。

人類基本上會因為兩種情緒採取行動。
那就是「喜悅」與「恐懼」。
利用憤怒、威脅讓孩子聽話有其極限，更重要的是這種方法會傷害孩子的自主性，阻礙孩子身心健全發展。

倒不如時刻注意採用引發孩子「喜悅」的育兒方法，孩子和父母都能開心過生活。

舉例來說，用「你不快點換衣服，上幼稚園就要遲到了！」的恐懼讓孩子行動，孩子不覺得開心也就遲遲不肯行動。

那不如說：「如果你現在馬上換衣服，就可以趕上幼稚園的那個開心遊戲耶。好期待喔！」如此一來，孩子也會率先自己換衣服吧。

這不僅限於育兒，公司的人際關係或夫妻關係也是相同。

別試圖利用憤怒叫動他人，隨時留意提出彼此都開心的提議吧。

CHECK

別威脅，而是要讓對方開心。

4 這一句話替你贏得100%信賴！

活用機會就能成為英雄

在「一般來說絕對會生氣」的場面選擇「不發怒」，甚至進一步尊重或擔心對方，你就能獲得對方莫大的信賴。

舉例來說，妻子一個不注意打破了你很珍惜的紅酒杯。

如果你能在一般來說應該會脫口而出「妳在幹嘛啦！妳知道這有多貴嘛！」時努力忍下來，接著說：

「沒事吧？有沒有受傷？太好了，紅酒杯再買就好，妳要是受傷就糟糕了。那附近可能還有玻璃碎片，我去拿吸塵器來吸一下。」

聽到丈夫這樣說，應該能讓妻子深深感受到「老公很愛我、很重視我」的心情。

在公司和工作上同樣有許多這類獲得信賴的機會。

舉例來說，新人在重要的商務會談中遲到了。

當他想著「要被罵了！」的瞬間，如果上司說了這句話，他會有什麼感受呢？

「太好了，你沒事吧？我還以為你遇到意外，很擔心你耶。」

要是上司這樣說，他肯定會湧現「我要努力，絕對不會再背叛上司對我的信賴！」的心情。

前幾天發生了這樣一件事。

來參加研習會的人幾天後出現新冠肺炎的陽性反應，我也被匡列為親密接觸者。

我立刻接受PCR檢查，結果是陰性，但因為被匡列為親密接觸者的關係，我被迫得要居家隔離兩週。

因此我也被迫得取消原本預定舉辦的研習會。

損失總額粗估達數百萬日圓。

在我感覺「這也太不講理了」憤怒的瞬間，我把心情切換成「這是我可以成為英雄的機會！」我沒有取消預定舉辦的研習會而是改成線上課程，全額退還費用給已經報名的人，免費舉辦。

結果，參加研習會的人接連申請了個人諮商，從結果來看，我獲得了超過損失總額以上的收益。

另外，我還對肺炎陽性的那個人道謝：「多虧有你，讓我有可以寫在書上的案例，而且還創造出超越損失的營收。謝謝你啦。」

總之在「一般來說絕對會生氣的場面」不發怒，除了可以獲得對方莫大的信賴之外，也是讓你自己成為英雄、女英雄的大好機會。

這種機會，就得要好好活用才行啊。

CHECK

首先，先關心對方吧。

5 別再當「不敢生氣的人」了

「不敢生氣」和「不願生氣」完全不同

雖然我到這裡說了非常多「不可以生氣喔！」，但當自己正當的權利遭受侵害，碰到不講理的事情時，當然可以生氣。

其中也有在當然該生氣的場面「不敢生氣」的人。

「不敢生氣」和「不願生氣」看起來很像，其實完全不同。

不僅不同，還可說完全相反。

「不敢生氣的人」是害怕對方反擊，不敢主張自我的人。

「不願生氣的人」則是認為隨時都能生氣，也就是隨時都能攻擊或反擊，但有比這更重要的事情，所以自己選擇「不生氣」，是擁有自我意志的堅強之人。

「不敢生氣」的人無法自我主張，這會讓他不了解自己、不了解自己想做什麼，接著走上他人一個指令一個行動的人生。

「不願生氣」的人明確擁有自己的中心思想，所以不管旁人怎麼說，

他都能走出自己的人生。

僅此一次的人生，你應該也不想在看他人臉色中度過吧。

所以，想要發怒時生氣也沒關係。

只不過，請靠自己的意志選擇「不願生氣」。

並非「不敢生氣」，你「可以生氣」，但因為有比「生氣」更重要的事情，所以憑自己的意志刻意選擇「不願生氣」。

如此一來就能不累積壓力，走在通往幸福與成功的道路上。

CHECK

試著採取「不願生氣」這個行動。

6 向漫畫主角學習

有時要捨棄「不發怒開關」比較好。
丟掉
那就是……
「保護重要之人的時候」汪。
眼神銳利
主角確實都是為了夥伴發怒的汪，
對吧？

為了夥伴可以認真生氣

看英雄動畫時，常見主角遇到夥伴被瞧不起或遭受危害時，因而非常憤怒的場面。

舉例來說，原著漫畫銷售超過四億本，在全世界受到極大歡迎的漫畫《航海王》的主角魯夫。他對自己被瞧不起不太感到生氣，但只要夥伴被瞧不起就會非常生氣。救了魯夫生命，並把重要的草帽託付給他的傑克和其夥伴們也是，被山賊們怎麼瞧不起都不生氣，但在知道魯夫為了保護他們被山賊抓住之後，一轉眼就把山賊打得落花流水。

不僅在漫畫的世界中，其他作品中的主角、女主角會為了重要的夥伴生氣，有時也會流淚。或許我們的DNA中，早已刻下這類理想模樣了吧。

CHECK

重視夥伴的心情是強大力量。

CHAPTER

6

「好事會發生的人」都這樣做
憤怒可以變身為「感謝」！

1
正視自己的「憤怒」

轟轟轟轟轟轟轟
憤怒力量
「我才不會輸！」這種憤怒的力量也能在努力時派上用場汪。
噠
但是，在起跑衝刺時還很好用。
哈
哈
哈
哈
如果一直使用「憤怒能量」會讓人十分疲憊。
變
身
感謝
憤怒力量
所以就把它轉換成「感謝」這個白色能量吧。

發覺憤怒，使其成為成長的食糧

成就巨大幸福、偉業或成功的人，說出口的話都是「感謝」。

在一開始，「我絕對要還以顏色！」或「你就給我走著瞧！」等憤怒的「黑色能量」，是個推動人前進的巨大原動力，但無時無刻都累積憤怒，這份負面影響也會牽連到自己。

那麼該怎麼辦才好呢，那就是把「憤怒」這股黑色能量轉換為「感謝」的「白色能量」。

從察覺自己的「憤怒」，正視這份「憤怒」開始做起。「憤怒」是一種情緒，所以不是把憤怒累積在心裡，只需要感受。**「啊啊，我現在很生氣啊。」像這樣說出口也可以。**

最棘手的是沒有確實察覺自己「憤怒」情緒的人，其中還有已經怒過頭，甚至對「憤怒」情緒感到麻痺的人。如果你問這些人「你為什麼這麼生氣？」，他還會回答「我又沒有在生氣！」，但他確實是在生氣啊（笑）。

其他還有因為「不可以生氣」、「不該生氣」等觀念而壓抑怒氣，導致自己麻痺的狀況。

舉例來說，擠滿人的電車，特別是東京早晨通勤高峰時擠滿人的電車跟殺人沒兩樣。對於這種狀態，大家一開始肯定都感到痛苦或不悅等「憤怒」，但每天習慣之後，也不再有感覺。

「憤怒」是保護自己的必要情緒，所以如果無法好好感受是很危險的事情。

霸凌或家暴當然是加害者有錯，如果被害者確實感到「憤怒」，卻沒有或無法採取行動逃離這股「憤怒」，很可能會助長加害者的行為也是個事實。「憤怒」是人類活著必要的情緒，所以首先要好好感受，接著將這個「憤怒」化為自己成長、幸福及成功的食糧才最重要。

CHECK

別忽視憤怒情緒。

2 不需要勉強自己原諒

好不甘心～～那個女人～～竟然搶我男友～
我絕對不原諒～～～呀～～～
呀～～～～
我要詛咒她～我要詛咒她～
飄～
嘎吱嘎吱
好！我們去詛咒她吧～
Let's GO～
怎麼只到那……太慢了吧……
飄～

只要分析「憤怒」就可以理解許多事情

當你感到「憤怒」時，就分析這份憤怒，並因應必要採取行動。

只要一分析就可以知道，大多事情其實都不需要那麼憤怒，或者就算憤怒也無法解決任何事情。

但是，**其中也可能是讓你得知自己擁有的自卑感或過去受過的心靈創傷等，深入理解自身內心的機會。**

知道「憤怒」的真面目後，接下來只要思考如何應對就好。

我自己只要碰到客戶臨時取消諮商，就會湧起煩躁不堪的憤怒情緒，所以我試著分析這個情緒。

分析之後發現，比起金錢問題，我更深刻感覺到自己被輕視、被瞧不起。

在此，我把原本在研習會當天繳交參加費用的規定，變更為報名參加之後一週內付款。

結果幾乎不再有人臨時取消，也因此讓我不再有煩躁不堪的憤怒了。

像這樣分析自己的憤怒，並配合重新審視工作的結果，我現在幾乎沒感覺到任何壓力，營收也隨之上升。仔細想想，因為減少不必要的壓力，也增加了我面對工作的能量，所以營收理所當然會增加啊。

詛咒就是阻走（笑）

我想大家應該都有「無法原諒」或「無法忘懷」等不管怎樣不會消失、無法消除的「憤怒」，讓你遲遲無法採取行動。

這種時候，不需要勉強自己原諒。

如果勉強自己原諒，反而會開始責備起無法原諒的自己。

總之，憤怒的能量不管是朝對方還是朝自己發洩都不好。再怎麼憎恨對方，這股恨意都很難來到對方身邊。

為什麼？因為「詛咒」就是「阻走」嘛（笑）。

而且不管我們多憤怒、煩惱、掙扎痛苦，這段時間內，對方可能沒有感到任何罪惡感，發出鼾聲安詳地沉睡著呢。

首先別焦急、別躁進，請就這樣感受這股憤怒。

如果從感受到的憤怒中想著「我絕對不再重蹈覆轍」，就接著思考「那自己該怎麼做才能不重蹈覆轍呢？」然後逐步採取行動就好。如果這樣做仍舊無法平息「無可原諒」的憤怒情緒，就請回想起我以下要說的這段話。

如果只追求一瞬的幸福，那就生氣吧。

但如果想追求一生的幸福，還是原諒比較好呢。

by相田もげを（笑）

CHECK

感到憤怒後，
思考「怎麼做才最好呢？」

3 改變「過去看法」的秘訣

該怎樣才能把「憤怒」轉變為「感謝」？
好生氣喔～
簡單啊汪。
請。
多虧有那個女人，我才能交到這麼棒的男友。
對吧。

能感謝他人的人都這樣做

將「憤怒」轉變為「感謝」最快也最簡單的方法。

那就是得到巨大幸福等大為成功之時。

就算是從「我絕對要給那傢伙好看！」或是「就給我走著瞧！」這樣強烈的憤怒開頭，當事情順利，最後得到莫大幸福或是大為成功之時，憤怒也在不知不覺中消逝了。

反過來還會對給予自己這種機會的人湧出「回頭想想，我之所以能有這份幸福（成功），全託那傢伙的福啊」這樣的感謝心情。

雖然憎恨甩了自己的男友，但要是之後交到福山雅治等級的男友，也會忘了被甩的憤怒，反而會感謝前男友甩了自己。

雖說「無法改變過去」，就算無法改變已經發生的事情，我們也可以改變對這件事情的解釋。

也就是說，不管發生怎樣討厭的事情，只要這件事能成為往後事情順遂的原因，就能把「壞事」轉變為「好事」。

從這層意義來看，說「過去可以無限改變」也不為過。

你的人生劇本，從現在起想怎樣改寫都能怎樣改寫。

讓壞事一直是壞事只會讓「悲劇」延續下去，但只要改變行動就能將其變為「喜劇」，更可以改變為「愛與感動的大逆轉劇」。

就算是充滿辛酸、苦痛的暗黑人生，只要改變行動就能如同黑白棋一樣，讓你的人生逆轉為充滿幸福與愛的純白人生。

實際上，我現在被稱為「幸福的有錢人」或「金錢妖精」，但不過十年前，我還是夫妻倆要一起去跟別人下跪借錢的窮鬼呢（笑）。

最重要的是採取行動，幸福地活在當下。如果現在幸福，那就能盡情地改變過去。

CHECK

隨時都能改變討厭的「過去解釋」。

4 消除「對父母的憤怒」的方法

小時候，我媽媽完全不照顧我。
啜
啜
那種心情會一直留在心裡呢。
妳不需要勉強自己原諒汪。
妳母親肯定是拚了命做家事和帶小孩汪，以前不像現在這樣方便，所以很多事情都很辛苦。
一驚
以前確實沒有掃地機器人也沒有洗碗機……太辛苦了……
沒錯，以前很辛苦汪。

只要試著理解就好了

長大成人結婚生子之後，還是有許多人煩惱自己與父母之間的關係。聽這些人說話，表面會看見「無法原諒」等對父母的憤怒，但其根本是「想得到更多關愛」、「希望他們認同自己」的感情。

無法消化這些感情一直留在自己心中的人，我會建議「別勉強自己原諒雙親，或試著和雙親親密相處」，而是「同情父母，並感同身受」。**請試著想像雙親養育你當時的狀況，設身處地站在父母當時的心情同情父母，感同身受**。具體來說，我會像這樣詢問客戶：

「父母生你時，他們幾歲？

肯定比現在的你還要年輕，年紀應該還很小吧。如果是還沒有紙尿布的時代，一天不只要換無數次尿布而且還要手洗尿布。她或許被婆婆欺負，在不習慣的環境中拚命做家事，也可能得用微薄的薪水維持家計，根本沒有時間也沒有金錢可以花在自己身上。

至少和現在的時代相比，以前的育兒環境更加惡劣。

你的父母就在這之中拚命養大你。

你現在肯定可以理解，父母也絕非完美，育兒過程中充滿不懂的事情，不管多努力都還是不成熟。

所以光是他們把你生下來，還把你養大就非常值得感謝了。為了回報他們的心意，請你去想像父母的心情，並讓他們看到你試著理解他們的態度。那就是孩子對父母表現的愛，我認為這才是最棒的孝行。」

CHECK

別苛責父母的不成熟，
請看他們努力做事的那一面。

5 人生可以變得更好

想要錢
想遇到好對象
想要自由
想變可愛
想去旅行
唉
想要自信
想有雙細腿
想要更多朋友
想變得時尚有型
呼～
想去旅行
STOP、STOP！
別滿腦子想那些沒有的事情，
溫柔雙親
健康身體
會計二級
可愛的狗
看妳自己現在擁有的東西。
總覺得……我好像有辦法努力了。
燦爛
成功之道
可以努力的汪。

給我們美好的發現

至此，我從各種角度來檢證「憤怒」，總之最重要的就是發覺憤怒並活用憤怒。

舉例來說，確實有那種會惹怒你，讓你感到很不耐煩的人對吧。但比起這些人，你之所以可以活到今天，是因為有更多理解你，溫柔對待你，伸手幫助你的人。

千萬不可以忘記對這些人的感謝心情。

我是這麼認為。神明為了讓我們察覺重要的事情，才會讓我們遭逢各式各樣的事情。像新型冠狀肺炎，把這解釋成單純的災難，或解釋成神明給我們學習的機會，就會大幅改變接受這件事情的方法。是要哀嘆失去的東西，或者感謝現在擁有、能做到的事物，改變做法、改變行動，然後試圖捉住全新的幸福及成功。

哪個比較幸福，應該一目了然吧。

人生中，有所覺察的人才是最大贏家。特別是「憤怒」中充滿著許多讓我們人生變得更加美好的線索，只要活用自己的「憤怒」，就能變成巨大原動力，他人的「憤怒」中也隱藏著商機。在你滿心想著「要是我有更多自由運用的時間」、「要是我有錢就能事事順利了」、「要是能遇見好對象就好了」這些尚未擁有的東西前，請先試著看現在擁有的東西，並加以感謝。

如此一來，「憤怒」也會自然而然消失，肯定可以看見通往幸福與成功的全新道路。

人類是種只要習慣了就會忘記感謝的生物。

所以我剛開始創業時，個人事業的公司名稱就取為「Office感謝」。

成功「曇花一現」就結束或是無法長久延續，不是因為「成功之後得意忘形」，而是因為忘了感謝才會開始不順遂。

CHECK

感謝現在擁有的東西。

結語

衷心感謝大家閱讀到最後。

我國中時沒有特別不良也不是小混混，但我兩次因為抽菸遭受處分，而且這兩次我都沒有抽菸耶（笑）。

只不過，我的雙親沒有因為這件事情對我發怒或是責罵我。

反而是把父母叫到學校時，我的母親對老師說：

「我的小孩不是說他沒有抽菸嗎？」

加以袒護我。

老師聽到這句話後，似笑非笑地表示：

「啊，原來您府上不管孩子說什麼都全盤接受、相信啊。」

聽到這句話後，母親對老師瞬間發火（笑），如此反嗆：

「身為父母不相信孩子，那你要誰來相信孩子啊！」

我在旁邊聽到這段對話，在心裡決定「我絕對不會做出任何讓如此信任我的父母傷心的事情！」。

我自己現在也是兩個孩子的爸，我如此想。

父母的任務不是罵孩子，而是相信孩子，並保護孩子不受周遭環境傷害。

只要不幸的「憤怒連鎖」從這世上消失，即使偶有怒意，只要能好好活用這份「憤怒」，大家都能笑著彼此互相尊重，我衷心希望世界可以變成這樣。

最後，我透過這本書得到的作者收益，將全數使用在新冠肺炎受害等等的支援行動上。

謝謝各位一直以來的支持，感謝！

希望你能更加「成功幸福」。

森瀬繁智（モゲ）

國家圖書館出版品預行編目資料

不生氣之後，變身有錢人 / 森瀨繁智（モゲ）著；林于楟譯. -- 初版. -- 臺北市：平安文化, 2023.01面；　公分. -- (平安叢書；第751種)(UPWARD；140)
譯自：キミは、「怒る」以外の方法を知らないだけなんだ
ISBN 978-626-7181-44-7（平裝）

1.CST: 情緒管理 2.CST: 生活指導

176.52　　111020682

平安叢書第751種
UPWARD 140

不生氣之後，變身有錢人

キミは、「怒る」以外の方法を知らないだけなんだ

作　　者—森瀨繁智（モゲ）
譯　　者—林于楟
發 行 人—平　雲
出版發行—平安文化有限公司
台北市敦化北路120巷50號
電話◎02-27168888
郵撥帳號◎18420815號
皇冠出版社(香港)有限公司
香港銅鑼灣道 180號百樂商業中心
19字樓1903室
電話◎2529-1778　傳真◎2527-0904
總 編 輯—許婷婷
執行主編—平　靜
責任編輯—陳思宇
美術設計—嚴昱琳
行銷企劃—許瑄文
著作完成日期—2022年
初版一刷日期—2023年1月
初版五刷日期—2024年4月
法律顧問—王惠光律師

讀者服務傳真專線◎02-27150507
電腦編號◎425140
ISBN◎978-626-7181-44-7
Printed in Taiwan
本書定價◎新台幣280元/港幣93元